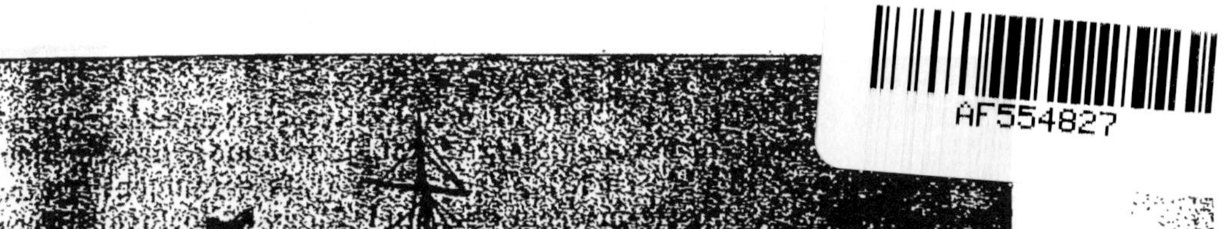

LE « TAYGÈTE » DEVANT KOTONOU.

LE CONGO

C'est en 1484 que Diégo Cam, gentilhomme de la maison du roi de Portugal, Joao II, découvrit l'embouchure du Congo, en longeant la côte sud-ouest de l'Afrique pour aller vers les Indes orientales, alors encore inconnues. Il donna au fleuve le nom de Zaïre, corruption de *Nzadi*, qui, dans le langage des indigènes, signifie « grand cours d'eau ». Les trafiquants qui, au seizième siècle, font dans cette région le commerce lucratif des esclaves, n'en rapportent que des notions géographiques et ethnographiques vagues, fantaisistes et fantastiques. Les missionnaires portugais qui s'y aventurent pour évangéliser les naturels, ne fournissent aucun détail sur la configuration et les mœurs du pays. Vers les premières années du dix-septième siècle, le fleuve commence à être appelé, sur les cartes très imparfaites, « Rio de Congo ». En 1649, Bonaventura, puis François ; en 1654, J.-A. Cavazzi ; en 1666, Michel-Ange de Guatini et Denis Carli de Placentia y font des voyages d'aventures dont les résultats ne sont pas appréciables. Cent cinquante ans s'écoulent ensuite sans que l'on en sache davantage.

En 1816, le gouvernement britannique charge James Kingston Tuckey d'explorer cette partie du continent noir. Il descend le bas Congo depuis son embouchure jusqu'à deux cent quatre-vingts kilomètres, avec Smith, et succombe à la fièvre. Son compagnon revient en Europe, et, grâce à lui, on possède enfin quelques notions précises. A partir de ce moment l'attention se fixe sur ces territoires que l'on disait partagés entre de petits chefs ou « mfaumou », et l'on rêve de s'en emparer. Le missionnaire Bowdich, qui séjourna quelque temps au Gabon, communique, le premier, un petit nombre d'informations sur le grand fleuve Ogooué. En 1816 également, Robertson, en 1825 Vidal tentent de remonter le Congo ; en 1827 et 1828, l'aventurier Douville pénètre dans l'intérieur des terres ; vers la même époque, le capitaine Owen relève les embouchures et suit sur un parcours important le bas Congo. En 1838, Bouet-Willaumez, après avoir consolidé la puissance de la France dans le Gabon (1), entreprend une série d'expéditions qui complètent la connaissance de tout le système hydrographique de cette contrée. Pigeard en 1845, Mecquet en 1846, continuent ces travaux. En même temps le médecin allemand Tams, le Portugais Graça, s'attachent de leur côté à poursuivre scientifiquement cette étude. Un Hongrois, Ladislas Magyar, arrive, en 1848, jusqu'aux cataractes de Faro-Congo et devient le gendre du roi nègre de Bihé, ce qui lui permet, en 1849 et les deux années suivantes, de découvrir le vaste territoire du Coanza et du haut Zambèze.

En 1851, du Chaillu, qui habitait le Gabon depuis neuf ans et y faisait du commerce, a l'idée de s'y faire donner une mission par le gouvernement des États-Unis et par l'Académie des sciences naturelles de Philadelphie pour rechercher les sources du Congo. Ses efforts sont couronnés d'un certain succès et, quoique prêtant à de très légitimes critiques comme celle de H. Barth, établissent avec certitude que les quatre cours d'eau Mouni, Mumda, Gabon, Rembe, n'ont d'importance que comme irrigation de la côte, tandis que l'Ogooué, s'embouchant dans le grand delta au sud du Gabon, est le seul fleuve considérable de toute cette région, venant de l'intérieur et, avec un débit puissant, traversant les montagnes là où le Gabon prend son origine. Quelle que soit la valeur réelle des documents recueillis par du Chaillu, il peut être considéré comme le pionnier ayant ouvert la route aux autres et montrant ce qu'il restait encore à faire. En 1857, l'ethnographe Adolphe Bastian, stimulé par cet exemple, parvient à San-Salvador ou Ambaca, la ville mystérieuse, capitale du roi du Congo, et transformée en 1534 par les Portugais en résidence épiscopale, mais où les Européens instruits, les savants, n'avaient pas séjourné depuis deux siècles au moins, l'évêque lui-même ayant été transféré à Saint-Paul de Loanda. En 1857 et pendant les deux années qui suivirent, Hunt remonta encore une partie du Congo, tandis qu'un mineur anglais, Joachim John Monteiro, probablement d'origine portugaise et qu'il ne faut pas confondre avec le major portugais de même nom, explorateur du bas Zambèze et du royaume de Cazembé en compagnie de Gamitto, s'établissait comme marchand à Ambriz et faisait le premier voyage en steamer sur le Quanza. Il resta près de quinze ans dans les possessions portugaises du Congo, et l'ouvrage qu'il publia sur ses découvertes (*Angola and the River Congo*, 1875) eut du retentissement.

Bien avant cette publication, le célèbre missionnaire anglais David Livingstone, d'abord filateur de coton, puis médecin et théologien, était parti pour l'Afrique, où, devenu le gendre de Robert Moffat, l'un des premiers pionniers africains, il se consacra lui-même, comme son beau-père, à la conversion des indigènes et à l'étude scientifique des régions inexplorées. En 1845, il avait accompli cette double tâche dans le Setschelé, en 1849 dans le Betchuana, en s'avançant jusqu'au lac Ngami. En 1851, il s'était rendu à Linyvanti et, dans ce voyage, avait découvert le Liambyé, puis, en 1852, remontant ce dernier cours d'eau et contournant au nord-ouest le petit lac Dilolo, il avait franchi le Kassabe, le Quango, et le 31 mai 1854 était arrivé près de Loanda, sur la côte ouest. En 1857, il découvrit les Victoria-Falls du Zambèze, et ses travaux exposés dans les

(1) A cette époque, le Gabon n'était considéré que comme un comptoir secondaire. On sait que, depuis, il nous a conduits, par son extension, au centre même de l'Afrique. (C. S.)

Petermanns Mitteilungen (en 1857 et 1858) et dans les *Proceedings* de la Société royale de Géographie de Londres (t. XXVI), firent événement. Infatigable, à peine revenu en Angleterre, il repartait aussitôt, cette fois avec son frère Charles et cinq autres Européens, parmi lesquels Kirk et le peintre Baines ; il explora le haut et le moyen Zambèze, et son affluent le Chiré, qu'il remonta jusqu'à sa source dans le lac Nyassa, près duquel il reconnut le Schirwa, presque aussi grand. Ayant pour objet principal de combattre la traite des nègres et d'instruire les naturels dans la culture de la terre et dans la plantation du coton, il déploya une activité admirable. En 1863. il se rembarqua, et aborda en 1866 à Zanzibar. Le bruit courut bientôt qu'il avait été assassiné. Une expédition, conduite par Young et Faulkner, Reid, Bucklay, se mit à sa recherche et constata que les rumeurs alarmantes répandues sur son sort étaient erronées. En réalité il s'était courageusement porté vers le lac Nyassa, et, après des difficultés sans nombre, surmontées avec intrépidité, il avait fait de nouvelles découvertes, notamment celle de la grande rivière Tchambezi, au sud du Tanganika, et l'une des sources lointaines du Congo. Il avait constaté que ce cours d'eau, coulant vers l'ouest, sort du lac Bangwelo, sous le nom de Luapula, se dirige vers le nord et se jette dans le lac Moëro, d'où il émerge en prenant la dénomination de Lualaba. Il l'avait retrouvé ensuite et pour la dernière fois à Nyangwé, dans le Manyema, à deux mille cent kilomètres de ses sources, et en ce point où la rivière atteint une énorme expansion. Le voyageur, à bout de forces, s'était vu obligé de retourner à Udjiji, où il se trouvait en péril quand il se rencontra avec Stanley, qui le cherchait depuis deux ans (voir *Comment j'ai retrouvé Livingstone*, par STANLEY, 1872). Ensemble ils avaient ensuite relevé l'extrémité septentrionale du lac Tanganika et avaient poussé à l'ouest jusqu'à Unianiembe, où ils s'étaient quittés. Livingstone, victime de son dévouement, avait succombé, le 1er mai 1873, à la dysenterie, à Ilala, sur la rive méridionale du lac Bangwelo.

« En octobre 1876, l'expédition chargée par le *Daily Telegraph* de Londres et le *New-York Herald* d'aller, sous la direction de Stanley, compléter les explorations de Livingstone, atteignit la ville arabe de Nyangwé. C'est de ce point que Stanley tenta la fameuse descente du fleuve jusqu'à l'Océan. Après deux cent quatre-vingt-un jours de voyage il arriva en vue de l'Atlantique, ayant parcouru le fleuve sur une étendue d'environ deux mille six cent cinquante kilomètres et effectué un parcours de deux cent vingt-cinq kilomètres par terre. Tchambezi, Bangwelo, Luapula, Moëro, Lualaba n'étaient donc autre chose que le cours supérieur du Congo, reconnu désormais sur toute son étendue quatre siècles après la découverte de son embouchure. Cette puissante artère fluviale traversait en quelque sorte l'Afrique centrale de l'est à l'ouest, elle arrosait des régions fertiles, populeuses et riches en produits, elle était tout indiquée comme la voie de pénétration naturelle vers le cœur même du continent noir. Ce fleuve incomparable allait devenir un puissant moyen de civilisation et ouvrir d'importants débouchés (1). »

Pendant que Stanley réalisait ces travaux, d'autres explorateurs suivaient son exemple en d'autre points de cette *terra incognita* où les Jasons modernes espéraient conquérir la nouvelle toison d'or. L'*Association alle-*

(1) Cf. L. DE LA KÉTHULLE, *le Congo historique*.

mande, fondée en 1873 par Adolphe Bastian, déployait dans l'Afrique équatoriale beaucoup d'énergie. De nombreux voyageurs concouraient à son œuvre : Güszfeldt, Falkenstein, Pechuel-Loesche, Lenz, de Mechow, Lindner, Soyaux, Lux, Pogge, Homeyer, Schütt, Buchner (cf. *Korrespondenzblatt der Afrikanischen Gesellschaft*, 1877 et 1878), mais de toutes ces expéditions, qui se concentrèrent principalement sur la recherche de l'Ogooué, aucune n'égala en importance et en résultats les grandes et fécondes entreprises du Français Savorgnan de Brazza et du Portugais Serpa Pinto.

Jusqu'en 1878, les géographes se persuadaient que l'Ogooué, qui se jette un peu au sud de l'équateur dans l'océan Atlantique, était un grand fleuve venant de l'intérieur de l'Afrique. On espérait aussi, très vaguement, pouvoir démontrer que l'Ogooué était le cours inférieur du Lualaba, ou tout au moins un bras du Congo. C'est au comte de Brazza qu'est dû le mérite d'avoir détruit ces erreurs. Avec le docteur Ballay, au milieu des plus grands dangers, il remonta l'Ogooué jusqu'à sa source et pénétra dans la région des affluents de droite du Congo. En mars 1878, il atteignit les territoires de l'Avumbo. Là, il put reconnaître qu'au lieu d'un fleuve puissant arrivant de l'intérieur, il n'y avait que deux bras insignifiants, le Rebagui et la Passa, impropres à la navigation. Cependant, entre le 13e et le 14e degré de longitude est (méridien de Greenwich), de Brazza découvrit une importante rivière, l'Alima, ayant 155 mètres de largeur et qui ne pouvait être qu'un affluent de droite du Congo. Forcé par le manque de vivres de laisser partir Ballay avec le gros de l'expédition vers l'Ogooué, il marcha avec une faible escorte lui-même au nord, franchit plusieurs cours d'eau se dirigeant à l'ouest et également tributaires du Congo, entre autres l'Oba, le Lebai-Nguco, la Licona. Il s'avança jusque près d'Okanga, sur le Lebai-Ocoua, par 0°,30′ de latitude nord et environ 12°,45′ de longitude est, et, après cinq mois de persévérantes entreprises, il rejoignit ses compagnons sur l'Ogooué et revint avec eux à la fin de novembre au Gabon.

Ce furent les premiers jalons du Congo français (1). A la même époque, le major portugais Serpa Pinto, agissant sous les auspices de la Société de Géographie de Lisbonne avec le concours du gouvernement, recherchait les communications fluviales entre le Zaïre et le Zambèze. Avec les deux officiers de marine de Brito Capello et Ivens, il partit de Bengwela le 12 novembre 1877 et put gagner Bihé, mais là il se trouva au seuil des régions inconnues ; ses compagnons le quittèrent alors, chacun prenant une direction déterminée, et Serpa Pinto fit seul avec quelques hommes la traversée de l'Afrique australe, pour aboutir, le 12 février 1879, à Pretoria, dans le Transvaal. Les découvertes qu'il fit secondèrent les progrès de l'ethnographie sud-africaine.

La réunion de la conférence géographique convoquée par le roi des Belges Léopold II, la constitution de l'*Association internationale africaine*, dans le but de créer une chaîne ininterrompue de stations hospitalières, scientifiques et civilisatrices, depuis la côte orientale jusqu'au cœur même

(1) Le Congo français comprend actuellement l'ancien Gabon, le bassin de l'Ogooué, la rive droite du Congo, puis la rive droite de l'Oubanghi-Mbomou, son affluent de droite. La soudure entre le Gabon-Congo et la colonie française d'Obock, sur la mer Rouge, à travers l'Afrique équatoriale par le Soudan oriental, le Nil et l'Abyssinie, est bien proche de sa réalisation. (C. S.)

du continent noir, la création du *Comité d'études du haut Congo*, dont la première séance eut lieu le 25 novembre 1878, l'expédition organisée par

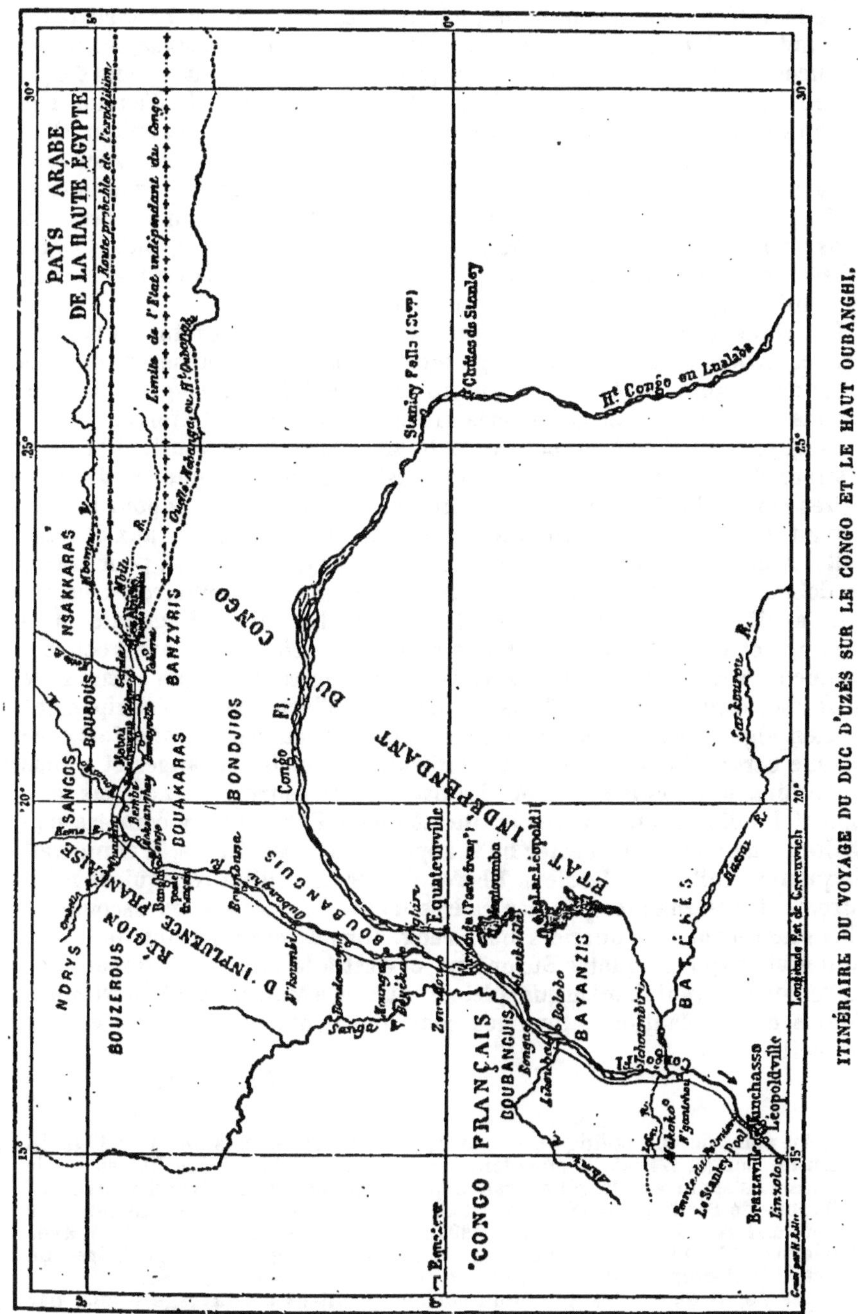

ITINÉRAIRE DU VOYAGE DU DUC D'UZÈS SUR LE CONGO ET LE HAUT OUBANGHI.

Stanley en 1879 pour remonter le Congo jusqu'aux Falls, la transformation du comité d'études en *Ass. ciation internationale du Congo*, enfin la reconnaissance de l'État indépendant du Congo à la suite de la *Conférence de Berlin*, du 15 novembre 1884, inaugurèrent la puissance coloniale dans cette région.

De leur côté les Allemands ne restèrent pas inactifs. Le 29 avril 1878, se fonda à Berlin la *Nouvelle Association africaine allemande*, sous les auspices de M. de Bismarck, avec un programme étendu, des plans d'opération élaborés sur une grande ligne et la tâche principale d'explorer le bassin du Congo. Cette tâche fut confiée tout d'abord à l'ingénieur Otto Schütt, qui obtint des résultats marquants en dressant avec exactitude la carte hydrographique des grands affluents du Congo, tels que le Kassabi, etc. Revenu en Europe au mois d'août 1879, il eut pour successeurs dans son œuvre Max Buchner, puis le major de Mechow, puis Pogge, Wissmann, etc. Les Anglais firent également preuve d'efforts incessants, et la mission Mac Call en 1881 accrut leurs découvertes.

L'Afrique congolaise devint ainsi le théâtre d'une évolution rapide. France, Allemagne, Belgique, Angleterre, Portugal, y rivalisèrent pour se créer des avantages (1). Ceux-ci ne furent toutefois acquis qu'au prix de grands sacrifices, et, aussi, d'actes violents et de coups de force.

Le voyage au Congo ne pouvait manquer d'attirer les esprits hardis et désireux de se joindre aux pionniers. C'est ainsi que le jeune duc Jacques d'Uzès conçut l'idée d'une expédition, qui devait être fatale pour lui (2). Il avait choisi l'itinéraire suivant . remonter le Congo jusqu'aux Stanley Falls et de là se lancer au travers des régions musulmanes, pour tracer un débouché sur l'Égypte, où la France a des intérêts séculaires. L'entreprise avait séduit déjà plusieurs explorateurs. La liaison diagonale entre le Congo et l'Égypte avait été essayée par l'Abyssinie. Elle avait échoué. Le duc d'Uzès espérait la réaliser. Toutes les précautions que commande la prudence furent prises. Tous les procédés d'armement, d'équipement qu'a enseignés l'expérience furent employés. Le jeune duc emportait avec lui une cargaison suffisante pour satisfaire à tous les échanges et à tous les besoins de l'homme civilisé, des bagages où se trouvait non pas seulement l'indispensable, mais l'utile, et même l'agréable, y compris une chaloupe démontable en acier qu'il appela la *Duchesse Anne*. Il emmenait cinquante tirailleurs algériens libérés du service militaire, équipés militairement, commandés par des cadres d'élite, divisés en six escouades, plus une escouade d'ouvriers hors rang. Il avait enfin autour de lui un petit état-major de quatre Européens, et c'est à la tête de ces forces et de ces ressources qu'il s'embarqua, plein d'entrain, à Marseille, le 25 avril 1892. Toutes ces précautions, tous ces soins devaient, hélas ! aboutir à un cercueil !

Charles Simond.

(1) Au point de vue politique, la conséquence de ces efforts fut le partage du bassin du Congo. L'État indépendant du Congo, dont le roi des Belges est le souverain, s'étend sur la plus grande partie du bassin du grand fleuve. La conférence de Berlin (1884-1885) l'avait délimité une première fois. Depuis, des conventions avec la France (1887 et 1894), avec le Portugal (1885 et 1891), avec l'Angleterre (1894), ont assigné des limites définitives au Congo belge. La France et le Portugal possèdent le reste du bassin congolais. (C. S.)

(2) Les pages qu'on lira plus loin sont empruntées à l'ouvrage publié par Mme la duchesse d'Uzès : *Le voyage de mon fils au Congo*. (Paris, librairie Plon et Cie.)

VUE DE BRAZZAVILLE.

LES BOUBOUS DU CONGO

I

Avant de vous entretenir de l'endroit où nous sommes, je veux vous dire comment nous y sommes parvenus. Le dernier jour de novembre nous a vus à peine à Banghi. Après avoir fait nos adieux à l'administrateur, au chef de poste et à son auxiliaire, qui composent, à eux trois, toute la population de Banghi, — toute la population blanche, s'entend, — nous sommes tous montés dans les seizes pirogues que Julien avait ramenées d'ici (des Ouaddas), et en route!

L'installation dans les pirogues mérite un mot de description. Et d'abord, parlons un peu des pirogues; il est juste que vous fassiez connaissance avec les bateaux qui doivent nous servir presque un mois. Ce sont d'immenses troncs d'arbres, creusés par les indigènes, avec une lenteur remarquable, paraît-il, et taillés en pointe aux deux extrémités qui forment plate-forme. Quelques-unes de ces pirogues ont jusqu'à vingt mètres de long. Le bois dont on se sert pour les façonner est très lourd et très résistant, mais offre l'avantage inappréciable d'aller au fond; c'est ce qui fait qu'en cas de chavirage on est sûr de ne pouvoir revenir à flot et par suite de se noyer, ou tout au moins de perdre pirogue et bagages. Ces navires en miniature sont montés par des équipes de Banzyris, peuplades riveraines de l'Oubanghi, qui sont uniquement occupées à la pêche et au pagayage. Leur nombre par pirogue varie de dix à vingt, suivant la taille de celle-ci. La plus grande partie des pagayeurs s'asseyent sur les rebords vers l'arrière et pagayent dans cette position, contrairement aux Bondjios, qui pagayent debout. Nécessairement, la pagaie banzyri est très courte et très légère, et se remue avec facilité. Un d'entre les rameurs se place à l'extrémité arrière de la pirogue et dirige l'embarcation à l'aide de sa pagaie. Mais le principal instrument

JACQUES DE CRUSSOL D'UZÈS, DUC D'UZÈS.

dont les Banzyris se servent pour avancer avec rapidité est le « tammbô », grande perche de quatre mètres à quatre mètres et demi de long, avec laquelle ils poussent et font avancer la pirogue. Deux ou trois hommes en sont munis à l'avant et s'en servent avec avantage, surtout aux endroits peu profonds et à la rencontre des arbres, car on navigue presque constamment le long de la berge.

Les blancs, les bagages et les domestiques sénégalais ou autres se placent comme ils peuvent entre les pagayeurs et les pousseurs

LA « DUCHESSE ANNE » FRANCHISSANT LES RAPIDES DE CÉTÉMA.

Pour moi, j'étais dans une immense pirogue avec Pottier, tous les deux assis sur des sortes de grands fauteuils pliants, couchés ou plutôt à demi étendus. Au départ, chaque pirogue avait son pavillon tricolore flottant au milieu, ce qui donnait un très bon air à la petite flottille.

A neuf heures du matin, malheureusement sans les trois coups de sifflet des bateaux à vapeur, nous levons l'ancre, et en avant! Au départ même de Banghi il y a un rapide à passer, et ce fut un avant-goût de ceux que nous devions rencontrer plus loin. Dans ces petites cascades qui forment la rivière, les noirs n'hésitent pas; ils se jettent à l'eau, gagnent les rochers et tirent à eux la pirogue, pendant que ceux qui se servent de perches poussent avec frénésie; et puis, c'est passé! Quelquefois des piroguiers maladroits lâchent la barque au beau moment, et alors on fait demi-tour, et au fond de l'eau! C'est à ce moment un sauve-qui-peut peu divertissant. Dernièrement, le gérant de la maison hollandaise des Ouaddas, là où nous sommes, a chaviré dans un des rapides situés entre l'endroit où nous nous trouvons à Banghi, et s'y est bel et bien noyé. Rien ne semble cependant plus inoffensif que ces rapides, où les noirs se jettent dans l'eau, qui n'atteint guère plus haut que leur ceinture. Enfin le premier rapide est franchi, et nous regagnons la rive française, dont nous avions été obligés de nous éloigner quelques instants, pour ne plus la quitter.

Nous passons de temps en temps sous de grosses branches qui nous frôlent la tête et nous forcent à nous baisser pour ne point recevoir dans le nez les feuilles qui nous caressent désagréablement la figure. Mais ces petits désagréments semblent arriver à propos pour nous empêcher de nous endormir et nous obliger de temps en temps à admirer le paysage que nous côtoyons. La rivière, toujours entourée de bois, est encaissée entre des collines assez élevées et couvertes d'arbres jusqu'à leur sommet. L'Oubanghi a encore là de sept à huit cents mètres de largeur et l'aspect d'une rivière magnifique. A partir d'une heure de l'après-midi, nous longeons des villages habités encore par des Bondjios, anthropophages fieffés, puisqu'ils mangent même les cadavres qui ont séjourné dans l'eau et flottent, ballonnés, à la surface. Ils sont cependant très calmes et nous demandent des pavillons français pour placer sur leurs villages. Ceux qui en possèdent déjà un le font descendre sur notre passage et saluent nos pirogues selon toutes les règles de l'art. Dans un de ces villages on nous donne un jeune cabri, pour avoir un drapeau tricolore. Nous nous y arrêtons à peine et filons vers le port de mer où nous devons coucher et qui est un petit village sur la rive française, toujours habité par les Bondjios.

Le lendemain 1er décembre, dès l'aube nous étions debout, et à six heures quinze le convoi se remettait en route. Une légère brume couvrait l'Oubanghi, et le temps, quoique frais à cette heure matinale, s'annonçait comme devant être beau et chaud. Nos pagayeurs, mis en gaieté par le nombre des pirogues et la fraîcheur du matin, s'amusent à faire des courses, et c'est une bousculade perpétuelle pendant quelque temps. Les pirogues se passent, se dépassent, se redépassent, et, chaque fois qu'on en devance une ou qu'une autre vous brûle la politesse, on est éclaboussé d'une jolie façon. Quelquefois même les pointes des pirogues viennent vous menacer, et on est obligé de montrer les dents, sous la forme d'une trique, pour empêcher les jouteurs de vous faire chavirer ou de vous inonder peu convenablement. L'avantage de ces luttes nautiques est de nous faire avancer plus vite et d'exciter les pagayeurs, qui seraient, sans cela, portés à ne ramer que par intervalles très irréguliers.

Les rives de l'Oubanghi sont toujours boisées. Le fleuve est parsemé d'îles, dans l'une desquelles, située à peu près en face du poste belge de Mokoanghay, nous atterrissons à un village banzyri, ou plutôt un assemblage de huttes banzyris, pour y passer la nuit. C'est pour nous un changement complet de décors. Les cases ne sont plus rectangulaires, comme dans les pays que nous avons visités jusqu'ici. Elles sont rondes, formées de roseaux, et rappellent vaguement les taupinières, ou plus exactement les meules de foin (pas de paille) qu'on construit dans les campagnes, au milieu des prairies. La porte consiste en une ouverture très étroite par laquelle on se glisse dans l'intérieur presque à quatre pattes. Celui-ci est très propre, quoique noirci par la fumée des feux qu'on y allume. C'est dans une de ces cases que nous avons couché. Il y en a d'assez grandes pour contenir une nombreuse famille tout entière, une famille de noirs, bien entendu.

Avec les Banzyris, changement de coiffure, de costume et de beaucoup d'autres choses encore. Les femmes portent presque toutes les cheveux longs et pendants dans le dos. Ils sont tressés et d'un fort joli effet; mais il paraît que beaucoup sont faux! L'invention des faux cheveux existe donc dans tous les pays. Ces dames se placent beaucoup de petites perles dans les cheveux; mais pour ce genre de coquetterie ce sont les hommes qui l'emportent. La coiffure de certains d'entre eux est vraiment remarquable.

Les types banzyris sont beaucoup moins laids, beaucoup plus sympathiques, si je dois m'exprimer ainsi, que les autres noirs et négrillons que nous avons rencontrés jusqu'à cette heure. Un jeune pagayeur banzyri est même très amusant et cherche à se rendre utile de toutes façons. Il nous apporte nos fauteuils, cherche à aider pour monter nos lits: finalement, il nous fait demander par voie d'interprète de l'emmener avec nous.

Les Banzyris sont les grands pagayeurs de la rivière et n'ont que

ARRIVÉE DE M. GRESHOFF AU KWANGO.

cette occupation. Eux seuls peuvent permettre aux blancs de la remonter en leur fournissant des pirogues et des hommes. Quand les premières sont inoccupées pour la traction, ils s'en servent pour faire la pêche. Ils sont assez pillards, mais n'osent guère s'attaquer qu'aux individus isolés, car ils sont d'une poltronnerie remarquable à la guerre. Ils prétendent quelquefois être soutenus par les blancs pour terrifier leurs adversaires et leur imposer leurs volontés.

Le 3 décembre, vers sept heures du matin, nous quittions la petite île, et immédiatement les pirogues se sont mises à voguer sur la rive française. Quel ravissant spectacle en ce moment! Une très légère buée couvre la rivière, un magnifique soleil de feu montre à peine au-dessus de l'horizon sa face réjouie et éclaire en plein toute la petite flottille. Les rives, vertes et couvertes de grands arbres, sont estompées par la brume qui les bleute vaguement et forme un immense rideau, traînant ses draperies tout le long de l'horizon. Au milieu de la rivière, qui semble reluire de propreté, dans un jour favorablement clair, les seize pirogues glissent, avec leur chargement et leurs passagers, couronnées du pavillon tricolore dont les vives couleurs tranchent agréablement sur le fond flou et effacé où s'encadre cette scène.

Et quelle variété d'attitudes chez les voyageurs! Ici un Arabe juché sur les malles, entouré de ses pagayeurs, et dont le burnous

ROUTE DE LA CARAVANE DANS LA BROUSSE.

blanc contraste étrangement au milieu de tous ces corps noirs. Plus loin, c'est Julien, couché sous une espèce de tente blanche et rouge, et deux Sénégalais accroupis, en veste blanche et bleue. Une autre pirogue porte des Arabes qui, le capuchon bleu rabaissé sur leur tête, fument, nonchalamment étendus, leur cigarette, dont ils suivent avec complaisance les légères spirales de fumée. Dans une autre pirogue, un pagayeur s'est arrêté de ramer et tape à tour de bras sur son tambourin, donnant la cadence aux autres pagayeurs qui, tous, poussent avec ardeur l'eau rapide du courant, cherchant à atteindre les premiers l'autre rive. C'est un joli fouillis de têtes, de pagaies, de pirogues. Dans l'une de ces dernières, deux dames hautes et puissantes de la localité ont saisi l'aviron et rament avec un entrain superbe. Leurs grands cheveux sont épars et dansent des sarabandes à chaque coup de pagaie qu'elles donnent... Mais la rive est atteinte, le tableau est terminé et la navigation côtière reprend son cours; le soleil a dissipé toute la petite brume de la première heure, et la chaleur augmente d'heure en heure, tempérée cependant par une brise légère qui souffle au-dessus de l'eau et vient nous caresser délicatement le visage.

Bientôt, nous apercevons dans le lointain une vaste plaine qui ressemble à une trouée dans la rive : ce sont les Ouaddas; mais il nous faut bien encore deux heures et demie pour y arriver, en longeant quelques huttes banzyris, où nos pagayeurs ont des amis et des connaissances qui viennent les saluer au passage et leur narrer les faits divers de la localité. En même temps, ils chantent, et leurs chansons annoncent notre arrivée à tous les villages côtiers, avec des réflexions plus ou moins bizarres sur les passagers que les pirogues transportent.

Il est une heure de l'après-midi, quand nous atterrissons devant la factorerie hollandaise des Ouaddas. Le gérant, M. Hulst, est là en grande tenue. Il nous souhaite la bienvenue et nous conduit immédiatement au petit pavillon en paille qu'il nous a fait préparer, contenant deux petites chambres et un salon de réception qui a bien huit mètres carrés, mais presque entièrement occupé par une table, placée au centre. Nous changeons avec plaisir de costume, car ce voyage en pirogue ne nettoie pas précisément les vêtements, et les éclaboussures qu'on y reçoit et l'eau qui baigne le fond de la pirogue ne sont guère faites pour nous approprier.

Les Ouaddas, ainsi nommés de la population qui habite l'intérieur à deux ou trois kilomètres seulement, sont un poste fondé en 1891 par les auxiliaires de Dybowski, qui en avait fait un centre. Peu de temps après, vers le mois de janvier de cette année, les Hollandais, ou du moins la Société hollandaise du commerce africain, qui a des factoreries dans tout le Congo français, en obtint la concession et s'y établit, pour faire le commerce de l'ivoire. La factorerie se compose de deux maisons en argile et de plusieurs paillottes. Les maisons en argile sont de fabrication hollandaise. Les autres ont été construites par la mission Dybowski. Le tout est établi dans une vaste plaine derrière laquelle est un marais qui arrive presque au bord des établissements aux hautes eaux. Mais, à l'heure actuelle, il est sec, et bien sec. La berge est de trois mètres environ au-dessus du fleuve, et pendant les crues la rivière vient à peu de distance de la factorerie. Ici on fonde des établissements sur des berges qui, au moment de la saison sèche, paraissent avoir cinq mètres de haut, et l'on est tout stupéfait, aux mois de pluie, de voir tout d'un coup l'eau nous envahir et monter, comme à Banghi, à six mètres vingt-sept au-dessus de l'étiage. La position géographique des Ouaddas, qui n'est pas marquée sur les cartes que nous avons, se trouve à peu près sur le cinquième parallèle nord et entre les rivières Ombella et Kémo, affluents de l'Oubanghi, qui devant nos fenêtres coule de l'est-nord-est à l'ouest-sud-ouest. Nous sommes presque au point le plus élevé de l'Oubanghi.

II

Ce soir-là, nous couchons dans le voisinage d'un village, N'dry Les N'drys forment une population assez sauvage de l'intérieur et n'ayant qu'un ou deux villages près de la rivière. Comme récemment ils avaient reçu une petite tripotée, pour désobéissance, le chef est immédiatement venu me faire hommage d'un cabri et d'une poule. Pour nous exprimer que c'est un cadeau (en style nègre), le chef ou celui qui fait l'offre arrache des plumes de la poule ou des poils du cabri et nous en met sur la tête et sur les pieds. Chose curieuse! les blancs ont beaucoup plus de prestige, dans l'Oubanghi, au-dessus de Banghi qu'au-dessous, ces gens-ci n'ayant absolument de respect que pour la force physique et considérant comme non existante la force morale. Le lendemain, 21 décembre, j'étais agréablement rétabli, et à l'heure peu matinale de sept heures et demie, notre petite flottille continuait sa marche ascendante. Les eaux, depuis que nous sommes dans l'Oubanghi, ont baissé de six à sept mètres, et des rochers apparaissent, créant de petits rapides. Vers neuf heures et demie du matin, nous en passons un assez violent sur la rive française. Le même est presque insignifiant sur la rive belge, à cause de la largeur de l'Oubanghi, qui a de quinze à seize cents mètres de large, et dont le cours recommence à être parsemé d'îles. Vers trois heures et demie ou quatre heures, nous stoppons au village de Bembé (rive française).

Bembé mérite deux ou trois mots. C'est un chef banzyri qui, le premier, a fourni toutes les pirogues de la mission Crampel et celles de Dybowski. Cette « entreprise » lui a rapporté beaucoup de perles, et son village s'est enrichi, grâce à de nombreux achats d'esclaves des deux sexes. Les esclaves, je le répète, prennent si bien les coutumes de leurs maîtres qu'on ne saurait les en distin-

NOS ALLIÉS LES NZAKKARAS.

NAVIGATION A LA PERCHE LE LONG DES BANCS DE SABLE.

guer la plupart du temps. C'est de chez Bembé que Crampel est parti pour l'intérieur, et c'est lui qui a recueilli les restes de la mission. Il s'est mis en grande tenue pour nous recevoir, laquelle consiste en une vieille veste bleue de milicien et une calotte (?) plus ou moins bizarre. Son fils est beaucoup plus élégant que lui. Il a été boy d'un des membres de la mission Dybowski, et parle le français à peu près correctement. Il était vêtu d'un pagne de cotonnade bleue et d'une veste blanche. Le village de Bembé est bien situé, sur une falaise boisée de dix à douze mètres de hauteur. Les cases sont de la même forme que celles que nous trouvons maintenant, mais beaucoup plus grandes, ayant, quelques-unes, de quatre à cinq mètres de hauteur et de sept à huit mètres de diamètre à la base. C'est dans l'une de ces cases, mise à notre disposition par master Bembé, que nous nous sommes livrés aux douceurs d'un sommeil réparateur.

Le 22, dès l'aurore, nous étions debout, et vers sept heures en pirogue. Rien de bien saillant dans la navigation de l'Oubanghi durant cette journée. A trois heures environ, nous passons en vue de la rivière Kwango, large de deux cents mètres à son confluent, et qui s'enfonce assez profondément dans l'intérieur, au milieu des populations lanzanassis. Une heure après, nous accostions au poste de Kwango. L'historique de ce poste est peu compliqué. Fondé par les Belges, sur la rive droite de l'Oubanghi, et abandonné par eux, au moment de l'occupation française, il consiste simplement en une maison à véranda en pisé et est gardé par deux Sénégalais de la milice du Congo français.

On attendait le retour de M. Greshoff, descendant de Yakoma. Nous pensons immédiatement que c'est lui. Et d'abord vous me demanderez qui est ce M. Greshoff. C'est un Hollandais, directeur pour la Société africaine hollandaise des factoreries du Haut-Congo. C'est en même temps une des personnalités les plus importantes du Congo français. J'ai dû vous en parler dans mes lettres de Brazzaville, puisqu'il a été un de ceux qui ont le plus contribué à nous faire prendre la route de l'Oubanghi. M. Greshoff a dix-sept ans d'Afrique et est connu depuis neuf années de tout le Haut-Congo. C'est un des hommes qui ont le plus pratiqué le commerce de l'ivoire dans cette rivière et ses affluents, et qui ont le plus d'influence sur les indigènes, et surtout sur les Arabes des Falls. Il est très protégé par le Congo français, avec lequel il est à merveille et auquel il rend de très réels services. Dans tout le bassin du Congo, on l'appelle « Mfaumou N'tangou », ce qui veut dire en bakongo « prince-soleil » ou « chef-soleil ». Je ne sais pas très bien d'où lui vient ce surnom, mais on le connaît partout.

En effet, je vois une pirogue arriver avec des bagages et des indigènes. Je demande qui arrive, et ils me répondent : « N'tangou », car la langue diffère ici, et les Banzyris ne peuvent pas prononcer

« Mfaumou ». Voilà toutes les pirogues qui s'amènent; mais on nous dit qu'il y a plusieurs blancs.

Le premier qui apparaît est M. Juchereau, chef de poste de Yakoma, détaché par le directeur du Haut-Oubanghi pour venir me chercher et nous montrer la route, en nous faisant éviter de passer trop près des villages suspects. Il emmène avec lui sept miliciens sénégalais, interprètes ou soldats. J'apprends qu'on nous construit des habitations aux Abiras-Yakoma, et que M. Liotard, directeur du Haut-Oubanghi, se mettra en quatre pour nous seconder et faciliter notre passage au travers des populations nzakkaras qui nous fourniront des porteurs. On est enchanté de notre arrivée et désespéré de ne l'avoir pas su plus tôt, pour nous préparer des habitations plus luxueuses.

Je vous assure que ça fait plaisir, si loin de France, de voir qu'on ne pense pas à la politique, et que tous les Français que nous avons vus, de quelque opinion et condition que ce soit, nous ont tous fait le même accueil.

Quelques minutes après arrive M. Greshoff avec un de ses agents qui rentre en Europe, et immédiatement l'inévitable bouteille de champagne ménagée pour la circonstance. Je vous assure qu'on ne s'est pas ennuyé pendant le dîner. M. Greshoff n'est pas au-dessous de sa réputation d'aimable homme et de causeur agréable. Les histoires sur le Congo n'ont pas cessé, sur les Belges surtout, que M. Greshoff ne peut pas voir en peinture. Les racontars sur les indigènes n'ont pas été moins intéressants, et tous les points du Congo où le Hollandais avait circulé ont défilé dans la conversation. M. Greshoff nous a aussi beaucoup parlé du Haut-Oubanghi; mais j'aime mieux ne parler que des choses que j'ai vues, et ce ne sera que de là-haut que je vous enverrai mes impressions personnelles; celles des autres importent peu. Tout ce qu'on peut dire, c'est que nous trouverons là-haut d'intéressants et de nombreux sujets d'études.

2 janvier. — A six heures, tout le monde debout! et à six heures trois quarts, en route! Beau temps, bonne humeur, *all right!* A neuf heures un quart, nous arrêtons au village du chef Gabato, qui, ayant fait quelques bêtises, a eu son village brûlé par ordre de l'administrateur. Cette leçon, qui est à peu près la seule qu'on puisse infliger aux indigènes turbulents, a eu le meilleur effet, et, bien que les cases aient été brûlées, il y a trois semaines à peine, nous sommes très bien reçus dans un village reconstruit. Il ne faut pas longtemps aux Banzyris pour refaire leurs terriers, et, en même temps, la petite flambée infligée les rend extrêmement aimables pour ceux qui passent ensuite. Ce sont de méchants enfants auxquels une bonne fouettée modifie heureusement le caractère. Ces petites punitions sont parfois indispensables, sinon messieurs les noirs s'imagineraient qu'on a peur d'eux et engloutiraient tranquillement dans leur estomac les blancs qui circulent isolément sur la rivière. En effet, les agents des maisons de commerce

LES BOUBOUS EN NOMBRE CONSIDÉRABLE ESSAYENT DE NOUS ENVELOPPER.

montent dans une pirogue et vont récolter l'ivoire un peu partout. Le gouvernement doit assurer leur tranquillité, et le seul moyen

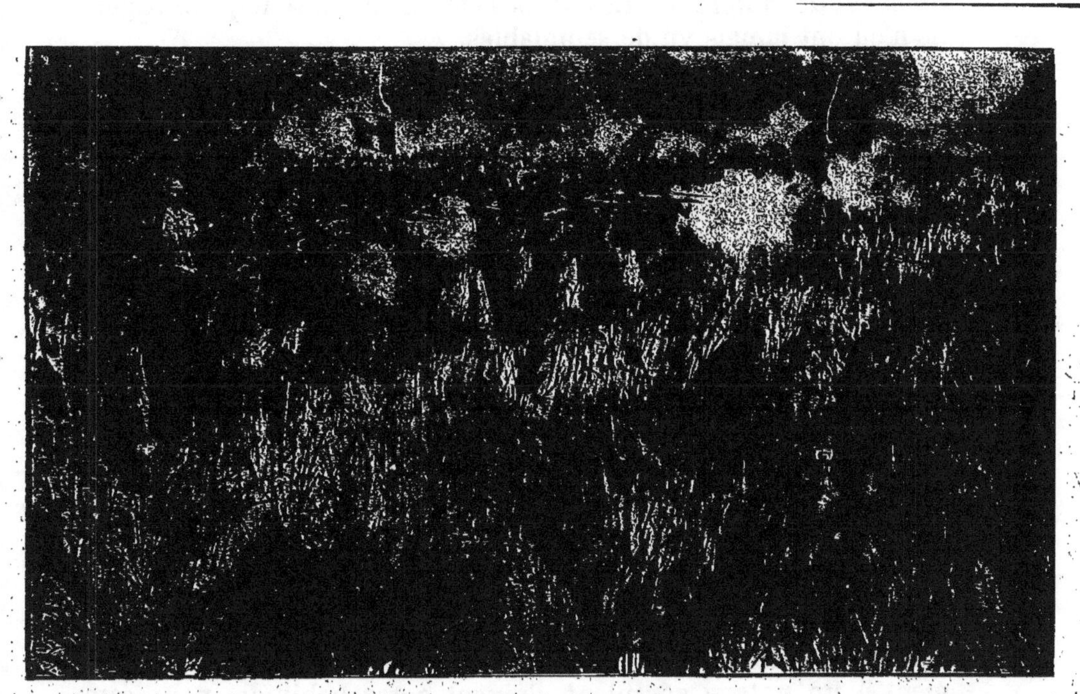

LE CARRÉ SE FORME RAPIDEMENT.

est de maintenir l'indigène dans le respect du blanc avec un mélange de douceur et de fermeté. (Que c'est beau!) Les deux fils du chef sont dans ma pirogue, comme pagayeurs, et les habitants nous apportent des vivres en quantité. Après avoir bu quelques verres d'excellent vin de palme, tiré fraîchement de la cave, laquelle est représentée par les faîtes des palmiers, notre navigation reprend son cours.

A deux heures, nous apercevons une nuée à l'horizon, d'un brun extraordinaire, qui couvre la rivière et s'étend au loin sur les bords. Ce n'est pas un orage ni une tornade, mais un vol immense de sauterelles. Les Arabes eux-mêmes disent qu'en Algérie ils n'en ont jamais vu de semblables.

Pendant deux heures quinze, nous naviguons sous les sauterelles, et pourtant elles traversent le fleuve en bandes serrées. J'estime que la largeur de la bande est de neuf à dix kilomètres, sur une longueur de vingt-cinq à trente kilomètres. Le ciel en est naturellement obscurci, et la rivière charrie par milliers les cadavres de ces bestioles qui n'ont pas eu la force de traverser les quinze à dix-huit cents mètres qui séparent une rive de l'autre. C'est vraiment un spectacle curieux.

Tantôt cette neige des pays chauds se précipite en escadrons serrés; tantôt ce ne sont que des tirailleurs épars qui voltigent au-dessus de nos crânes, suivant tous la même direction. A l'endroit où ils stopperont, adieu les récoltes de bananes, de millet, de manioc et de maïs; la récolte sera faite pour plusieurs années. Les indigènes s'en consolent en avalant avec délices ces crevettes terrestres, après les avoir fait simplement bouillir ou griller. Repas succulent, paraît-il, mais auquel je n'ai pas tenu à goûter. Les indigènes n'ont pas de mines de sel, mais en fabriquent en brûlant certaines herbes. Il est vrai qu'il est très chargé de soude et servirait plus facilement à la fabrication du savon que de condiment à un potage succulent. Suivant notre habitude, nous campons sur un banc de sable, en face d'un petit village, N'djoua, dont la place publique n'eût pas été suffisante pour contenir tout notre personnel. Un peu d'orage le soir, mais si faible que je n'en parle pas.

La plus terrible maladie de l'Oubanghi et, pour ainsi dire, la seule, la dysenterie, devait marquer encore d'une pierre noire la journée du 3. Partis à six heures trois quarts, nous arrêtions à midi et demi, pour enterrer un tirailleur que le fléau avait marqué comme victime. Presque tous en ont été frappés, mais y ont échappé; celui-ci était désigné, et c'est le quatrième que nous perdons par cette cruelle maladie. La dysenterie est causée ici par des vers intestinaux longs de dix centimètres environ, et qui rongent l'intestin. Dès que l'homme a expulsé, grâce à la santonine, ces animaux, il est sauvé; si, au contraire, ils sont récalcitrants, aucune force humaine ne pourrait le guérir. La rivière est dominée ici par quelques collines sur lesquelles on aperçoit de temps en temps un petit village. Ce sont des populations n'drys qui habitent l'intérieur. A quatre heures, nous stoppons sur un banc de sable. La chaleur nous a fort incommodés en ce jour. Aussi, bonsoir !

4 janvier. — A sept heures quinze, signal du départ et navigation au milieu d'îles boisées, de bancs de sable ou même de rochers. Un petit rideau d'arbres borde la rivière, et, au second plan, on aperçoit des collines, couvertes de brousse. N'ayant pas rencontré de villages hier, nous arrêtons à onze heures à un village pour acheter des vivres. Les Banzyris sont finis, et nous voici de nouveau en face d'une population différente : ce sont des Bangakas. La langue est changée, et l'architecture aussi. Ce ne sont plus des cases rondes en forme de meules de paille, mais de véritables huttes.

Ce qu'il y a toujours de remarquable, c'est la petitesse de la porte. Il faut littéralement se mettre à quatre pattes pour pouvoir s'y insinuer; mais une fois dedans. on y est bien. L'aération se fait par la porte et par le dessous du chapeau de la ruche. La base est en argile jusqu'à une hauteur de quinze centimètres. Tout le reste est en paille. Le faîtage est assez varié. Les artistes architectes se livrent quelquefois à des excentricités de leur cru, et, au lieu de faire une simple flèche comme celle que j'ai caricaturée, ils font deux pompons ou arrondissent le sommet et mettent un pot de terre pour couronner le toit. Quelquefois même, un petit bout de chiffon imite les drapeaux, car, comme les singes, ces gens-là sont imitateurs, et les actes des blancs leur servent de modèles.

Mais si nous nous attardions trop longtemps au village, nous n'avancerions pas. Aussi on remonte en pirogue, et sans incident remarquable on arrive à quatre heures sur un banc de sable, mis à notre disposition par Son Altesse l'Oubanghi. Le camp est à peine établi que soudain la nuit se fait, noire, noire, noire. Il n'est pourtant que cinq heures. C'est la tornade, et cette fois-ci nous n'y échappons pas. Un roulement ininterrompu de tonnerre nous annonce son arrivée, et une légère brise commence à souffler. Quelques éclairs illuminent seulement le campement. Nous faisons installer la table sous une tente. A peine le couvert est-il mis que le vent de la tornade envoie une de ces petites bouffées auprès desquelles l'Aquilon de la fable de La Fontaine était un pur sauteur. En une seconde, toutes les tentes, sauf la mienne, dégringolent. La table et le couvert gisent sur leur cercueil de toile. Le sable vous entre dans les yeux, dans la bouche ; on ne se voit plus, on ne s'entend plus. Machinalement les hommes se groupent autour de ma tente, et je leur en fais tenir les ficelles. Second et troisième coup de vent; la tornade nous entoure, les pirogues chargées menacent de couler bas. On les décharge tant bien que mal, et à ce moment le tonnerre et les éclairs font rage. On ne distingue rien, on est aveuglé, c'est charmant! Pour comble, la pluie tombe, et de temps en temps, entre deux coups de tonnerre, on entend la voix de Riollot clamant après son boy à la recherche de ses affaires entraînées par la tornade. Heureusement, le vent tombe vers huit heures, et nous pouvons dîner n'importe comment. L'orage se calme aussi, et vers dix heures et demie tout dormait dans le camp, sous l'œil plus ou moins vigilant du factionnaire qui surveille les pirogues.

La tornade de la nuit a refroidi considérablement la température, et c'est par un temps brumeux, gris et humide, que nous repartons le lendemain, 9, vers sept heures quinze. Les rives sont encore bordées de palmiers, très nombreux, et les villages se succèdent rapidement sur la rive française. Vers deux heures, nous sentons les approches des rapides de Cétéma. Un village est à l'entrée, où nous mettons pied à terre. Les hommes passeront à terre, et les bagages franchiront les rapides. Pour moi, je fais vivement par terre le tour des rapides et vais m'installer sur les rochers qui bordent la passe du côté français, pour assister au passage des pirogues. La passe n'a guère plus de vingt mètres de large en ce moment, et l'on saute de toutes parts sur les rochers. Un grand nombre d'indigènes viennent prêter leur concours, et, malgré la violence du courant, les pirogues passent toutes avec un succès étonnant. Mais le plus joli passage est celui de la *Duchesse Anne*, qui flotte légèrement et avec cinq hommes dedans, et qu'une pirogue remorque brillamment. De l'autre côté du rapide, il y a deux ou trois villages, au milieu desquels nous campons et nous nous abreuvons avec délices d'un excellent vin de palme. Je n'ai jamais vu tant de poules à vendre qu'en ce pays-là. Je suis sûr qu'on en aurait acheté deux cents, si on avait pris toutes celles qui ont été offertes.

Une brume qui ressemble beaucoup à du brouillard couvre l'Oubanghi, lorsque nous nous réveillons le 10. Cependant, dès six heures cinquante, nous filons. Les palmiers diminuent; mais cependant les agglomérations de villages sont énormes. Vers dix heures et demie, nous voyons les rives couvertes de bois, et nous nous en écartons prudemment; car les Boubous, population sauvage et féroce de l'intérieur, ont souvent l'indélicatesse d'envoyer des flèches qui pourraient blesser nos épidermes délicats. Rien de semblable, par bonheur, ne nous arrive, et, sauf une zagaie maladroitement lancée contre une pirogue trop avancée, nous continuons paisiblement notre navigation. Le ciel est brumeux et le temps orageux. A peine sommes-nous installés sur un banc de sable, pour y passer la nuit, que la pluie tombe à verse, heureusement sans vent.

Le ciel était encore plus gris le lendemain matin, et la pluie nous empêche de partir avant huit heures. Vers huit heures et demie, le soleil chasse les nuages, et nous apercevons un grand nombre de villages, situés à l'embouchure de la rivière Kotto ou Bandou (?); c'est là que le chef de poste français des Abiras a été récemment tué et mangé par les Boubous. Les villages que nous

BEMBÉ ET SON FILS.

rencontrons maintenant sur les rives sont yakomas, et c'est notre dernière journée de navigation sur l'Oubanghi. A quatre heures quinze, nous mettons pied a terre, au commencement des villages qui s'étendent jusqu'au poste des Abiras. A cinq heures et demie, nous entrons dans le poste. Les pirogues n'arrivent qu'une demi-heure après, le courant les empêchant d'aller aussi vite que les piétons. La réception la plus cordiale nous attendait de la part de M. Liotard, à qui notre arrivée a causé la plus grande joie.

M. Liotard est pharmacien de deuxième classe du cadre des colonies, et attend sa nomination au grade de première classe, ce qui équivaut au grade de capitaine. Il a presque toujours vécu aux colonies, depuis son entrée au service, ce qui lui a permis de connaître les causes probables de bien des maladies et, par suite, de les soigner avec succès.

***

Je dois vous faire ici un petit tableau de la conquête de l'Oubanghi. Les Belges les premiers remontèrent la rivière avec un petit vapeur, commandé par le capitaine van Gèle. Celui-ci, arrivé à hauteur des Yakomas, se trouva trop faible et, devant l'attitude des indigènes, fut obligé de rétrograder (ceci se passait en 1884). Il revint quelque temps après châtier les principaux chefs et établit un poste à Yakoma, rive droite de l'Oubanghi, et, poussant plus loin, lui et, plus tard, M. Le Marinel remontèrent le Mbomou jusque chez Bangassou, où ils établirent un poste. Or, ces postes étaient sur la rive droite et, de plus, au-dessus du quatrième degré nord, limite donnée à l'État indépendant par la conférence de Bruxelles et de Berlin. La France protesta et envoya (1890-91) une exploration, commandée par M. Gaillard, administrateur des colonies, avec ordre de planter le pavillon tricolore sur toute la rive droite de l'Oubanghi, au delà de Banghi, et de continuer en se maintenant au-dessus du quatrième degré parallèle nord. La mission remonta à Mobaï, où elle fonda le poste actuel, presque en face de celui que les Belges avaient construit sur la rive gauche et appelé Banzyville. De là, les explorateurs continuèrent et arrivèrent à côté du poste belge de Yakoma, situé sur la rive droite de l'Oubanghi, au confluent des rivières Ouellé et Mbomou. Les Français protestèrent et, laissant à leur gouvernement le soin de faire régler l'affaire, fondèrent à trois kilomètres en aval du poste belge et sur la même rive le poste des Abiras, du nom d'un village qui, du reste, n'a aucun rapport avec le poste et en est même très éloigné. M. Gaillard, souffrant, laissa les postes sous la surveillance de M. de Poumayrac, chef de poste du cadre congolais, et à des sergents sénégalais. M. de Poumayrac restait presque seul, sans perles, par conséquent presque sans vivres, quand arriva M. Liotard avec des ravitaillements et quelques caisses de perles, malheureusement en nombre insuffisant. C'était en mars 1892. Au mois de juin. M. de Poumayrac fit une exploration heureuse dans la rivière Bandou, que vous trouverez sur les cartes sous le nom impropre de Kotto, et remonta cette rivière jusqu'à une chute de vingt-cinq mètres de haut qui en coupe la navigation à une certaine distance (vingt et une heures de pirogue environ). Il avait reçu partout le meilleur accueil, principalement de la part des Nzakkaras, qui ont ordre de leur chef d'accueillir très bien les

Français. Les Boubous eux-mêmes lui avaient apporté des cabris.

Tout d'un coup, il veut se venger d'un chef boubou — on ne sait trop le motif qui le poussait. Il débarque avec ses onze Sénégalais armés de fusils et quelques auxiliaires nzakkaras ou yakomas, se figurant probablement que les Boubous s'enfuiraient comme les autres noirs, et que la vue d'un fusil les terroriserait. Au commencement, tout alla bien. Quelques cases flambèrent, et alors M. de Poumayrac, croyant la vengeance suffisante, s'apprêtait à retourner à ses pirogues, dont il était éloigné d'environ trois kilomètres. La moitié du chemin se fit sans incidents, le terrain étant plat et découvert; mais à peine est-il entré dans la brousse qu'il est entouré d'un millier de Boubous. Un couteau de jet lancé adroitement tue son boy. Il court pour le relever, et un autre couteau l'étend raide mort, la tête coupée. Les onze Sénégalais entourent son corps et commencent un feu rapide. Mais les Boubous ont vu tomber le blanc, et ils veulent à tout prix en manger. Les Sénégalais épuisent vite leurs cartouches et tombent sous les zagaies. Un d'eux brise son fusil sur la tête des Boubous qui finissent par le tuer, après avoir laissé plusieurs morts sur le champ de bataille. Quelques auxiliaires nzakkaras ou yakomas se font aussi tuer aux pieds du Français. Quelques-uns s'échappent cependant et préviennent celui qui est resté à la garde des pirogues, un Sénégalais également, et celles-ci s'éloignent dès qu'on a la certitude du massacre. Les Boubous ne les inquiètent pas, satisfaits des quarante hommes environ qui sont par terre et des douze fusils qu'ils ont pris. Ils ramassent armes et morts et emportent tout chez eux. Naturellement, tous les villages boubous avoisinants se réunirent pendant plusieurs jours à de grands festins où les corps des hommes massacrés fournirent à ces anthropophages des aliments aussi abondants que succulents.

Le cadavre du blanc fut divisé en plus petits morceaux que les autres, chaque indigène voulant en manger une partie pour se donner la force et les qualités de la race blanche. Le crâne seul fut réservé et placé avec ceux des onze Sénégalais dans une case boubou. La tête du blanc était au centre, et celle de ses soldats tout autour de lui.

Quand la nouvelle du désastre parvint au poste, M. Liotard fut atterré et jura naturellement de venger la mort de son malheureux chef de poste. Mais il manquait de forces pour s'exposer en pays boubou, car il aurait sûrement subi une défaite qui eût complètement détruit notre prestige dans l'Afrique centrale, et la saison des pluies arrivant, il fut contraint de demander des renforts et d'attendre les bras liés.

Enorgueillis par ce succès, les villages boubous qui avaient précédemment remporté quelques victoires, et chez lesquels les blancs ne pouvaient pénétrer, cherchèrent querelle à leurs voisins et leur firent subir de sanglantes défaites. Ils déclarèrent que les Français n'auraient les crânes de leur compatriote et de ses [compagnons que s'ils venaient les chercher les armes à la main. Puis ils firent dire que les Français seraient mangés, comme des petits poulets, qu'ils avaient trouvé le blanc excellent et qu'ils ne demandaient qu'à pouvoir se procurer de ses pareils. Enfin, ils les appelèrent d'un nom qui, dans la rivière Bandou et même un peu dans l'Oubanghi, signifie « Français lâches » : *Fara goïgoï*.

M. Liotard demanda par lettres des secours et des renforts; mais la métropole est loin, et il fallait du temps pour les envoyer. Cependant, au reçu de ces premières lettres, le sous-secrétaire d'État aux colonies télégraphie que 60,000 francs étaient mis à sa disposition en marchandises et en soldats, et — à ce moment nous étions à Brazzaville — M. Dolisie fit partir en même temps que nous de Brazzaville des renforts et des perles, et prévint M. Liotard de notre arrivée. Celui-ci nous attendait avec impatience, et, dès que nous fûmes parvenus à destination, l'expédition contre les Boubous fut fixée au plus prochain jour. Le départ fut fixé au 2 février. Quatre-vingts hommes environ, tout compris, montèrent dans les pirogues, et vogue la galère (1)! Les forces unies de l'expédition étaient composées de : 1° sept blancs : M. Liotard, directeur du Haut-Oubanghi; M. Fraisse, agent du Congo français; MM. Julien, Pottier, Riollot et moi, de l'expédition d'Uzès; 2° trente-cinq Sénégalais, miliciens du poste; 3° trente-deux Arabes et six Sénégalais à moi; plus deux ou trois boys, guides, etc. Le commandement des opérations militaires fut, de l'avis unanime, conféré à Julien, qui divisa les troupes en sections, sous les ordres de quatre d'entre nous. Les Boubous occupent la droite de la rivière Baudou ou Kotto et s'étendent jusque vers Mobaï. Nous devons nous installer près du village marqué N'ganda sur la carte, et de là faire des incursions dans l'intérieur, du côté opposé.

Le 2, nous couchions au premier village de la rivière, après avoir déjeuné chez Touramba, au confluent des deux rivières, et le 3, à onze heures, nous nous installions dans le petit village yakoma, situé à peu de distance du poste et village nzakkara de N'ganda. Nous avions passé en vue d'un village boubou, sur la rive droite, d'où ces derniers nous avaient insultés et disaient que nous arrivions à point, car ils avaient des réserves de mil en quantité suffisante pour nous faire griller avec. Mais on ne daigna même pas leur répondre.

Voici le résumé succinct de nos opérations. Elles ont fait le sujet d'un rapport officiel qui sera certainement et forcément communiqué en France.

(1) C'est là que notre confrère M. Jean Hess, à qui était due la première organisation de l'expédition, se sépara du duc d'Uzès, ne voulant pas agir avec lui contre l'Etat indépendant du Congo. (C. S.)

JACQUES D'UZÈS TROUVE LES CRANES DE M. DE POUMAYRAC ET DE SES HUIT HOMMES.

Le 4, réveil à trois heures et demie (c'est tôt!). Départ à cinq heures. Occupation du seul village boubou situé sur la rive, presque sans coup férir. Marche dans l'intérieur. Arrivée, après deux kilomètres de marche, au premier village boubou. Les Boubous, tout en se dissimulant, nous accueillent par des hurlements de guerre qui se traduisent par : « Ou! ou! ou! ou! » Destruction des villages. Marche de quatre kilomètres au milieu de cases très propres et d'immenses plantations de patates, de manioc, de maïs, de mil, de bananiers et de palmiers. Les Boubous semblent en fuite. On commence le retour vers les pirogues. Mais l'ennemi choisit ce moment pour nous entourer, nous menacer et nous attaquer. Nous formons le carré et nous faisons tomber sur les noirs une pluie de plomb; mais, contrairement aux habitudes de leurs congénères, ils ne se sauvent pas, et, tandis que les uns mordent la poussière en combattant, les autres continuent à lancer sur nous flèches et couteaux, dont l'un passe à quatre ou cinq mètres au-dessus de nous.

Cependant les Boubous commencent à se débander et à reculer sous la grêle de balles que nous leur envoyons. Nous avançons toujours vers la rivière, et, après quelques coups de feu tirés sur les plus hardis par l'arrière-garde, nous parvenons, à dix heures vingt, à regagner nos pirogues et à opérer le rembarquement sans encombre. Les Boubous avaient donc subi une première défaite. De notre côté, un Sénégalais avait reçu une égratignure à la cuisse par une flèche non empoisonnée, et un pagayeur qui nous accompagnait, portant un fanion, avait été atteint par une autre entre les deux épaules; mais heureusement la blessure fut peu grave.

Le 5, dimanche, jour de repos. La marche rapide et fatigante de la veille m'avait blessé un pied; aussi suis-je obligé de me faire transporter en hamac au village de N'ganda, à vingt-cinq minutes environ de l'endroit où nous bivouaquions. Le nom de N'ganda est maintenant impropre, puisque c'est celui du chef précédent, décédé depuis trois ou quatre mois, et que, chaque fois qu'un chef nzakkara meurt, son successeur doit construire un nouveau village. Le fils et successeur du défunt s'appelle Bagou. Le père N'ganda avait fort bien reçu les Français, lors de leur arrivée ici. Il avait même demandé au directeur du Haut-Oubanghi d'établir un poste chez lui; ce qui fut fait, et trois Sénégalais hissèrent le pavillon tricolore au milieu de cases construites pour eux et pour les blancs qui pourraient y venir dans la suite. N'ganda, à son lit de mort, fit venir son fils et successeur Bagou et lui recommanda de toujours vivre en bon et fidèle sujet de la France, et, joignant les mains de son fils et du Sénégalais dans les siennes, il ordonna à Bagou d'avoir toujours soin du Sénégalais et de bien l'entretenir, et, conservant cette position, il mourut. Bagou obéit à son père, et, pour bien montrer ses bonnes intentions, il envoya immédiatement un cabri, des bananes et autres vivres au Sénégalais, chef de poste. N'est-ce pas curieux, quand on pense que nous sommes au centre même de l'Afrique?

Le 6, départ à cinq heures pour d'autres villages boubous. Ces derniers ne font guère résistance et fuient devant nous. Cette journée, beaucoup moins importante que celle de l'avant-veille, se termine de bonne heure, à onze heures, et nous regagnons en pirogue notre campement.

Le 7, à cinq heures, nous repartons dans la même direction que le premier jour, nous enfonçant dans l'intérieur. Après trois heures et demie de marche, les Boubous, en nombre considérable, mille à quinze cents, peut-être plus, tentent une attaque et cherchent à nous envelopper. Mal leur en prend, car ils doivent laisser pas mal des leurs sur le sol, surtout parmi ceux qui, armés de boucliers, dansent en criant devant les hommes et leur servent de cibles. Ces boucliers sont simplement en osier et sont une bien faible défense contre les balles! L'ennemi nous harcèle cependant tout le temps de notre retour aux pirogues, et ses flèches finissent par blesser très légèrement deux Sénégalais. Mais que d'hommes ils doivent laisser par terre!

On est de retour au bivouac pour déjeuner. Le soir, on apprend les résultats du combat. Les chefs boubous sont presque tous morts, et les citoyens de ce peuple turbulent se sont enfin enfoncés dans la brousse, loin, loin, humiliés et vexés, épouvantés surtout de la force des fusils (ngammbé). Ils disent que les Français sont forts, très forts (Fara n'gèngou, n'gèngou ninigué). L'expédition est terminée (1).

(1) *Fragment d'une lettre adressée par Mgr Augouard à l'un de ses amis, peu de temps après l'affaire des Boubous.*

..... L'expédition d'Uzès, de concert avec M. Liotard, a noblement vengé M. de Poumayrac. Le docteur vous aura sans doute donné tous les détails. Les Boubous se sont battus pendant cinq jours avec d'autant plus de confiance que les Belges leur avaient dit que les fusils des Français ne faisaient pas de mal. Ils ont laissé plus de trois cent cinquante des leurs sur le champ de bataille, et après il en mourait cinq et six par jour des suites de leurs blessures, ce qui porte à environ cinq cents le nombre des morts.

Les Boubous, qui avaient fait de grandes provisions de maïs et de sorgho pour manger les Français, ont été terrifiés et enfin ont demandé à palabrer. Ils ont rendu la tête des quatre laptots et de M. de Poumayrac, qui a été descendue à Brazzaville et à laquelle nous avons fait des funérailles solennelles.

Le duc s'est battu avec courage et même avec témérité, à ce point que le lieutenant Julien a dû lui adresser une observation.

D'après les récits du Sénégalais Charles et de l'Arabe Sliman, qui ne l'ont pas quitté, il y aurait eu sept jours de combats avec les Boubous, et le jour qui fut le plus dur et le plus décisif, le feu dura jusqu'à trois heures de l'après-midi.

Jacques parle de mille à quinze cents Boubous, les attaquant dans la journée du 7 février. Les récits officiels portent leur nombre de quatre à cinq mille.

Pour reprendre la tête de M. de Poumayrac et celles des huit hommes, rangées autour, Jacques, d'après le Sénégalais Charles, aurait pris un des Boubous qui lui proposait de lui montrer où elles étaient et l'aurait fait marcher devant lui avec son fusil entre les deux épaules et prêt à tirer, s'il ne le menait pas à l'endroit promis. C'est comme cela qu'il a vu ces têtes rangées dans une case spéciale. Ce Boubou a été épargné.

Je suis forcé de dire adieu à ma lettre qui veut, à toute force, me quitter, se confier au bois fidèle de la pirogue et risquer les fatigues du voyage. « Va donc, petit papier, et porte à ma famille tous mes meilleurs vœux pour sa fête, qui ne sera pas éloignée, quand tu arriveras en Europe (1). »

Duc Jacques d'Uzès.

Aux Abiras, Congo français, 15 février 1893.

(1) Hélas! le duc d'Uzès ne devait pas revoir sa mère. Le 11 avril 1893, il lui écrit : « Les nouvelles sont mauvaises. Julien a été pris de la dysenterie, il est très mal, moi-même j'attrape sa maladie; mais je vais tenter de me remettre et de repartir vers l'Oubanghi. » La lettre suivante, datée de la mission de Brazzaville (13 avril), n'est pas plus rassurante. « Si je ne me rétablis pas, je serai forcé de réintégrer l'Europe; si je me rétablis, *ce que j'espère*, je remonterai dans l'Oubanghi explorer quelques rivières. » Il faut revenir... « Je ne puis résister au climat, écrit le jeune duc avec désespoir... Je crois que vous aurez du mal à me reconnaître, jusqu'à Brazzaville même on me dit que je suis bien changé. » Le climat ne lui pardonna pas. « Jacques, écrit Mme la duchesse d'Uzès, arrivait à Kabinda dévoré en quelque sorte par quatorze mois d'Afrique et ne ramenant de tous ses compagnons de départ qu'un noir et un Arabe du Sénégal qui ont été d'ailleurs des modèles de fidélité et de dévouement. Pour lui l'embarquement, l'air salin de la mer, les soins donnés à bord étaient le salut. Il allait, hélas! être pour ainsi dire frappé en vue de la terre promise, car il fut terrassé par un accès de fièvre cérébrale au moment où il mettait le pied sur le canot qui devait le conduire au paquebot. Le navire sauveur partit sans lui. »
Le 20 juin, à neuf heures vingt du matin, il expirait à Kabinda. Le 20 septembre 1893, un paquebot portugais amenait à Lisbonne la dépouille mortelle de Jacques d'Uzès dans le cercueil où il avait reposé à Kabinda, et, le 27 septembre, le duc était enterré auprès de ses ancêtres, à Uzès, au milieu des témoignages de douleur de toutes les populations de la contrée, qui entouraient sa famille. Le gouvernement lui rendait ce dernier honneur d'envoyer aux funérailles, comme représentant officiel, un de nos plus distingués explorateurs africains, M. le lieutenant-colonel Monteil, alors commandant. (C. S.)

PASSAGE D'UNE RIVIÈRE A DOS D'HOMME.

www.ingramcontent.com/pod-product-compliance
Lightning Source LLC
LaVergne TN
LVHW010405240826
846091LV00020B/2766
* 9 7 8 2 0 1 3 0 7 7 3 9 2 *